LE SCRUTIN DE LISTE

ET LE

SCRUTIN D'ARRONDISSEMENT

PAR

E. MASSERAS

EXTRAIT DE LA *NOUVELLE REVUE*

PRIX : UN FRANC

PARIS

C. MARPON ET E. FLAMMARION, ÉDITEURS

1 A 7, GALERIES DE L'ODÉON, 1 A 7

1881

LE SCRUTIN DE LISTE

ET LE

SCRUTIN D'ARRONDISSEMENT

PARIS

TYPOGRAPHIE GEORGES CHAMEROT

19, RUE DES SAINTS-PÈRES, 19

LE SCRUTIN DE LISTE

ET LE

SCRUTIN D'ARRONDISSEMENT

PAR

E. MASSERAS

EXTRAIT DE LA *NOUVELLE REVUE*

PARIS

C. MARPON ET E. FLAMMARION, ÉDITEURS

1 A 7, GALERIES DE L'ODÉON, 1 A 7

1881

LE SCRUTIN DE LISTE

ET LE

SCRUTIN D'ARRONDISSEMENT

Dans un de ses premiers numéros (1), la *Nouvelle Revue* publiait un article où se trouvaient récapitulés les considérations et les arguments en faveur d'un retour au scrutin de liste pour les élections législatives. On s'accordait alors, sans discussion, à voir dans ce mode électoral une partie intégrante du programme républicain. A peine sortie des tourmentes et des écueils où ses adversaires lui avaient tant de fois préparé le naufrage, la République obéissait encore à cet absolutisme d'idées qui est l'essence même des partis et leur force dans les jours de lutte, mais qui impose aveuglément, telles que lui-même les conçoit, chacune des formules de leur *credo* politique comme autant d'articles de foi. Depuis, à mesure qu'elle s'est affermie, la République s'est aussi transformée pour passer du rôle d'opposition militante au rôle de gouvernement. Dans cette évolution, elle a graduellement dépouillé l'étroite discipline des anciens temps, qui exigeait impérieusement l'obéissance passive de quiconque voulait combattre avec elle et pour elle. Elle est entrée dans la phase où il s'agit non plus d'expédients de circonstance ou de principes abstraits à faire triompher, mais d'institutions durables à fonder. La liberté d'examen et de contradiction a

____

(1) Livraison du 15 octobre 1879.

repris son cours. Il est redevenu permis à chacun d'avoir son
opinion et de la soutenir, sur tel ou tel point, sans craindre de
susciter une divergence ayant l'air d'un acte schismatique et
susceptible de porter préjudice à la cause commune, en fournis-
sant des armes ou un renfort à l'ennemi. La doctrine collective subsiste, mais elle laisse pleine latitude aux idées particu-
lières.

Le franc parler ainsi rendu à l'expression des avis person-
nels n'a pas confirmé, dans les rangs républicains, sur la question du scrutin de liste, l'unanimité que donnait à supposer
l'adhésion tacite qui en avait accueilli la première proposition.
Les objections ont surgi ; les hésitations se sont manifestées,
timides d'abord, puis plus accentuées ; la presse s'est divisée ;
la Chambre, non moins partagée que le pays, s'est trouvée en
présence d'un rapport où la vingt-deuxième commission d'initiative parlementaire se prononce en principe contre l'innova-
tion projetée ; celle-ci n'a été prise en considération qu'à titre
provisoire et avec stipulation expresse que le vote préliminaire
n'engagerait en rien l'avenir quant au fond de la question.

Une réforme qui rencontre de tels doutes n'est plus de
celles que l'on doive accepter d'enthousiasme et sur parole ;
les contestations dont elle est l'objet indiquent qu'elle a besoin d'être envisagée sous plus d'un aspect, et qu'avant de
l'adopter, il importe d'en scruter toutes les conséquences éven-
tuelles. La tradition politique à laquelle on la rattachait a aussi
perdu beaucoup de sa force quand on l'a examinée de près : elle
semble être née spontanément de ce seul fait que les mo-
narchies ont pratiqué, de préférence, le scrutin d'arrondissement ; on en a conclu que la République doit vouloir autre
chose. La raison a pu suffire dans un temps. Prendre, devant
l'opinion publique, le contre-pied de tout ce que fait un gouvernement, est de bonne guerre, quand on travaille à le discréditer
pour mieux le renverser ; l'attaque sans relâche, même un peu
à tort et à travers, a presque toujours été, en pareil cas, la plus
efficace des tactiques ; mais lorsqu'on est à son tour gouvernement, il y a lieu d'y regarder de plus près. Ce que l'on a sou-
tenu autrefois, par pur esprit d'opposition, comme une théorie

dont on n'encourait ni les résultats ni la responsabilité, revêt dans l'application une portée très différente. Les armes employées, alors qu'on visait à changer l'ordre de choses existant, peuvent n'être plus de mise pour consolider une situation nouvelle et pour lui donner la permanence avec la stabilité. Souvent même, en pareil cas, les avantages momentanés qu'elles avaient paru offrir se changent en inconvénients et en danger. Après avoir servi ceux qui les employaient, elles se retournent contre eux.

Le scrutin de liste n'est-il pas de ce nombre? Beaucoup se le demandent aujourd'hui, même parmi ceux qui, au début, en ont été les avocats ou les adhérents.

I

Établissons d'abord quels résultats donnerait le scrutin de liste, tel qu'il est proposé, au point de vue de la représentation numérique de chaque département à la Chambre.

Le chiffre des députés à nommer resterait ce qu'il est aujourd'hui pour les quarante-cinq départements suivants : Aisne, Allier, Ardèche, Ardennes, Aude, Charente-Inférieure, Cher, Côtes-du-Nord, Drôme, Finistère, Gard, Haute-Garonne, Hérault, Isère, Jura, Loir-et-Cher, Haute-Loire, Loiret, Lot, Maine-et-Loire, Manche, Marne, Mayenne, Meuse, Nièvre, Orne, Basses-Pyrénées, Pyrénées-Orientales, Haute-Saône, Saône-et-Loire, Sarthe, Haute-Savoie, Seine-Inférieure, Seine-et-Marne, Deux-Sèvres, Somme, Tarn, Var, Vaucluse, Vendée, Haute-Vienne, Belfort, les trois départements algériens : Alger, Constantine et Oran; et les six colonies : la Guadeloupe, la Martinique, la Réunion, l'Inde française, le Sénégal et la Guyane.

Le décompte de la population donnerait à vingt-six départements un député de moins à élire : Ain, Hautes-Alpes, Alpes-Maritimes, Aube, Aveyron, Calvados, Cantal, Charente, Corrèze, Corse, Côte-d'Or, Creuse, Dordogne, Doubs, Eure-et-Loir, Gers, Indre, Landes, Lozère, Hautes-Pyrénées, Savoie, Seine-et-Oise, Tarn-et-Garonne, Vienne et Yonne.

Un département, — les Basses-Alpes, — perd trois députés.

Par contre :

Le département de la Seine gagne 9 députés (34 au lieu de 25) ; le Nord, 4 (22 au lieu de 18) ; le Rhône, 3 (10 au lieu de 7).

Enfin, quinze départements nommeront chacun un député de plus : Ariège, Bouches-du-Rhône, Gironde, Ille-et-Vilaine, Indre-et-Loire, Loire, Loire-Inférieure, Lot-et-Garonne, Haute-Marne, Meurthe-et-Moselle, Morbihan, Oise, Pas-de-Calais, Puy-de-Dôme et Vosges.

Comme ensemble, le changement est presque inappréciable ; la Chambre compte aujourd'hui 535 députés ; elle en comptera 537, c'est-à-dire deux de plus seulement. Mais on a pu voir que, dans le détail, les représentations départementales subissent une modification sensible. En examinant la tendance et le sens comparatifs de ces déplacements en directions contraires, il serait aisé d'y puiser un premier argument contre le mode électoral qui aurait pour conséquence de les produire ; mais c'est un côté de la question que nous retrouverons ailleurs et sous un aspect plus saillant ; il suffit, quant à présent, de l'avoir indiqué.

La répartition n'est d'ailleurs qu'un accessoire ; le grand point est d'imprimer aux élections un caractère politique, qu'elles perdraient au milieu des étroites considérations que fait prédominer le scrutin d'arrondissement. C'est la raison prépondérante qu'on fait valoir, le but suprême que l'on montre derrière le changement à effectuer. On allègue que le scrutin de liste obéit aux grands courants politiques, et ceux qui tiennent ce langage disent plus vrai qu'ils ne croient peut-être ; mais ils ne s'aperçoivent pas que la vérité même de leur assertion devient le plus fort des arguments contre le système qu'ils préconisent. Oui, sans contredit, le scrutin de liste obéit aux grands courants politiques ; c'est précisément pour cela qu'il y aurait folie, de la part d'un gouvernement voulant se fonder et durer, à faire de sa stabilité le jouet des ardeurs changeantes de la passion populaire. Le mal de la France n'est point de ne pas faire assez de politique ; c'est d'en faire trop, d'avoir trop d'hommes qui en

vivent, qui en font leur préoccupation ou leur métier, qui ont
fini par ne rien voir au delà et par y tout ramener. Elle a besoin,
non pas d'être poussée dans cette voie où l'attire et la retient un
faux éclat, mais d'en être détournée, et rappelée au soin de ses
affaires. Ses députés en ont plus besoin qu'elle encore. Chez la
plupart, le sentiment du mandat a fini par se confondre avec la
pensée de la lutte sans cesse renouvelée autour de la question
gouvernementale, de telle sorte que celle-ci se mêle pour eux à
toutes choses et les domine quand elle ne les absorbe pas. Ils ne
parviennent pas à la considérer comme résolue. Ceux qui pro-
clament du ton le plus convaincu que le régime républicain est
établi sans retour possible en arrière, qu'il est désormais au-
dessus des attaques et n'a plus rien à craindre de personne,
ceux-là sont les premiers à agir comme si la République ne ces-
sait pas d'être en discussion. Nos Chambres ne sont le plus souvent qu'une arène de partis, et jusque sur le terrain législatif
elles conservent les allures, le langage, l'ardeur militante des
jours de combat. A cette perpétuelle habitude d'antagonisme,
le goût national s'est perverti, nos mœurs publiques se sont
faussées. Une bonne moitié des sessions parlementaires se
passe en tournois de tribune où les passions et les ambitions
jouent le principal rôle ; on blâme les députés de retomber éter-
nellement dans le même travers, d'entretenir l'agitation des
esprits, de semer le malaise, de gaspiller un temps précieux
pour les affaires du pays. Et, d'un autre côté, quand il arrive par
une exception trop rare que les Chambres s'occupent de ces
mêmes affaires, on raille le terre-à-terre des séances ; on les
trouve ternes et incolores ; on dédaigne de les suivre ; les tribunes sont vides et, sur les bancs demi-déserts, la puissance
législative est représentée par la petite cohorte disséminée des
intéressés ou des intrépides, qui rendent à leurs collègues ab-
sents le service de voter pour eux. Qui niera que le spectacle
présenté par l'enceinte parlementaire, les jours où l'on n'y fait
pas de politique, ne soit celui de l'indifférence, de l'incurie et de
l'abandon? Qui ne voit que c'est avec ce système qu'on a pris,
laissé et repris dix fois les mêmes questions, sans en finir avec
aucune? Combien de sujets qui touchent au vif de la réorgani-

sation nationale, qui ne cessent pas de faire parler d'eux et qui attendent toujours une solution ! Le budget lui-même, traîné de mois en mois, puis finalement expédié à la hâte, moyennant les compromis de la dernière heure, n'est-il pas un exemple frappant et caractéristique de la manière dont nous persistons à comprendre la législation ?

On se plaint du manque d'hommes en France, et le fait est que l'on a peine à trouver des ministres chaque fois qu'il s'agit de former un ministère. Depuis dix ans, cependant, il n'a pas manqué de personnalités estimables, de compétences spéciales qui se sont fait jour au courant des débats, à l'avenir desquelles on a pu croire sur le moment. Mais presque toutes ont disparu avec l'occasion qui les avait mises en vue. Manquaient-elles de valeur ? Étaient-elles de ces notabilités d'un jour qui ne sont bonnes qu'à faire feu de paille ? Assurément non. Beaucoup d'entre elles présentaient les conditions requises pour faire d'excellents *debaters,* des orateurs d'affaires distingués, et pour figurer plus tard avec honneur dans un cabinet. Si l'on cherche à s'expliquer pourquoi elles sont rentrées dans l'ombre, on découvre que leur seul tort a été de ne pas joindre à leurs qualités sérieuses la grande éloquence qui sait faire vibrer la politique en toute occasion et conquérir la renommée à la pointe d'un discours à effet. La politique, qui leur avait laissé un instant la parole, est revenue et les a submergées dans son flot retentissant. Il est resté d'elles un bon souvenir et rien de plus, parce que la première place chez nous appartient à ce qui brille et passionne, bien plus qu'à ce qui sert, et, pour tout dire en un mot, aux tribuns bien plus qu'aux gens d'affaires.

Le bien du pays et l'avenir même de la République demandent que nous réagissions contre cette tendance, loin de la favoriser. Elle ne contribue et ne peut contribuer qu'à entretenir l'irritation, à la surexciter, à fomenter les dissidences, alors que notre premier devoir serait de les apaiser et de les faire disparaître. M. de Freycinet a résumé la devise que devrait adopter tout homme appelé à gouverner la France, quand il a dit que l'heure est venue de travailler à « effacer les partis ». Invoquer, dans une pareille situation, en faveur du scrutin de liste, l'effet qu'il aurait de soumettre en permanence le suffrage universel aux « grands courants », c'est en révéler le vice principal. Le pays demande qu'on le délivre de la politique ; on lui propose d'en mettre partout.

II

La thèse des avocats du scrutin de liste conduit à ce résultat inévitable : qu'il donnera toujours la victoire à l'influence prédominante du moment où s'accomplira une élection. La France est, en immense majorité, républicaine ; il faut lui donner l'occasion de le manifester, sans le mélange de questions de clocher qu'implique le vote par arrondissement. On pourrait rappeler à ceux qui parlent ainsi, que ce dernier système a fait la République ; que de lui sont sorties la Chambre de 1876 et cette majorité des 363 qui fit échec au 16 mai ; qu'on lui a dû, en 1877, la défaite définitive de la réaction, malgré tous les moyens d'action légale et de pression illégale auxquels elle avait eu recours. Ce sont autant de preuves palpables et toutes récentes que le scrutin uninominal n'est ni aussi rebelle aux influences de l'opinion vraie du pays, ni aussi docile au joug des candidatures officielles qu'on veut bien le dire aujourd'hui pour les besoins de la cause. On pourrait encore, remontant à une autre époque, démontrer par l'exemple de 1869 qu'il n'est pas au monde une puissance si absolue et si oppressive qu'on la suppose, capable d'étouffer, au delà d'un certain laps de temps, la manifestation de la volonté nationale chez un peuple qui se réveille. Mais acceptons la donnée telle qu'on nous la présente ; il est facile d'en tirer la condamnation de ceux qui l'invoquent.

Le scrutin de liste assure le règne des « grands courants ». Soit. Eh bien, est-ce que le rôle d'un gouvernement n'est pas de protéger la nation contre les entraînements auxquels elle serait apte à se laisser aller? Est-ce que rendre la bride à ces entraînements n'est pas le moyen infaillible de faire qu'un jour ou l'autre elle se jette aveuglément dans les hasards de l'inconnu en cédant à une impulsion accidentelle? Est-ce que, loin de favo-

riser une tendance qui peut devenir fatale, on ne doit pas s'atta-
cher à écarter des institutions tout ce qui serait de nature à lui
ouvrir libre carrière dans certaines circonstances données ? La
République ne compte, en 1881, que des adversaires impuissants
parce que, divisés entre eux, ils n'ont ni candidature ni système
à lui opposer ; le pays presque entier est en sa faveur parce que,
en dépit des fautes qu'on est fondé à lui reprocher çà et là, son
histoire ne compte jusqu'à présent, Dieu merci ! que des années
de prospérité croissante et de progrès paisible ; parce qu'elle a à
sa tête un premier magistrat dont tout le monde est sûr. Mais les
choses et les temps peuvent changer, surtout avec des populations qui ne perdront pas de sitôt l'habitude de reporter tout au
gouvernement. Vienne une période de détresse agricole, de gêne
commerciale, de misère industrielle ; vienne une guerre, même
nécessaire, qui tourne mal ; vienne une présidence douteuse ;
vienne, pour les ennemis du régime existant, une circonstance
qui les groupe autour d'un seul nom et qui paraisse faire de ce
nom une promesse de jours meilleurs : n'y a-t-il pas risque pro-
bable, n'y a-t-il pas quasi-certitude que des élections faites sous
cette double impression donneront un résultat diamétralement
contraire à celui qu'on s'en promet aujourd'hui ? La popularité
est mobile à l'extrême. Elle s'attache aujourd'hui au nom de
M. Gambetta ; qui peut garantir qu'en 1885 ou en 1889 elle ne
se retournera pas vers le nom du duc d'Aumale ou du comte de
Paris, par un de ces revirements dont elle est coutumière, surtout si le comte de Chambord a rendu aux partis monarchiques
le bon office de disparaître de la scène avec le drapeau blanc ? Et
qu'arrivera-t-il alors avec le scrutin de liste ? Au lieu d'aller à la
République, les élections multiples iront aux candidats qui sé-
duiront davantage le suffrage universel désorienté.

Un autre cas se présente, et nous l'avons vu d'assez près pour
ne pas regarder l'éventualité comme une chimère évoquée à
plaisir. Il peut advenir que les partisans d'un changement politique, momentanément maîtres du pouvoir, en fassent usage
pour provoquer une dissolution de la Chambre, pour appeler les
électeurs aux urnes législatives, dans une heure de leur choix.
Avec des listes collectives par département, il leur suffira de

majorités minimes pour emporter des séries de nominations qui
leur seront une force, et rien n'empêche que, même se trouvant
en minorité dans le pays, ils arrivent à compter une majorité de
voix dans le Parlement. Nous parlions tout à l'heure du 16 mai.
Est-il bien sûr qu'avec le scrutin de liste il n'en serait pas venu
à ses fins? La majorité républicaine élue le 14 octobre a été prépondérante, cela est vrai; mais elle s'est faite, pour une bonne
partie, de nominations locales où l'influence et l'activité personnelle des candidats ont eu un grand poids, et ni cette influence
ni cette activité n'eussent été les mêmes pour des scrutins d'ensemble. On a, d'autre part, calculé avec complaisance que la
République avait réuni, ce jour-là, 701,888 voix de plus que les
partis contraires réunis; mais le calcul est superficiel et impar-
fait si l'on n'en prend toutes les faces. Or, un premier coup d'œil
constate que le département de la Seine, à lui seul, figure pour
242,000 voix, c'est-à-dire pour plus d'un tiers, dans cet excédent
auquel on croit pouvoir se fier. En entrant un peu plus avant
dans l'examen des chiffres, on trouve que la majorité collective
apportée à la République par vingt-cinq départements s'élevait à
928,000 voix (1), 227,000 voix de plus, par conséquent, que le total qu'elle réunissait, dans l'ensemble de la France, sur ses adversaires. Il faut donc compter que ceux-ci ont, à leur tour, obtenu
ailleurs des avantages considérables de chiffres, et aussi qu'il est
un grand nombre de départements où les républicains l'ont em-
porté de bien peu de chose. Avec les conditions toutes différentes
du scrutin de liste, avec les moyens employés par le ministère
de Broglie, peut-on répondre que les écarts, souvent minimes,
allant à peine à trois ou quatre mille voix dans certains cas, n'auraient pas été déplacés en bien des endroits? On se trompe en représentant la circonscription comme plus facile à manier pour le
pouvoir central que l'ensemble d'un département. C'est le contraire qui est vrai, surtout dans les circonstances d'entraînement

(1) Ain, 50,000; Aisne, 39,000, Alpes-Maritimes, 13,000; Ardennes, 14,000;
Bouches-du-Rhône, 22,000; Corrèze, 12,000; Côte-d'Or, 21,000; Creuse, 31,000;
Doubs, 12,000; Drôme, 20,000; [Eure-et-Loir, 28,000; Gironde, 26,000; Indre-et-
Loire, 16,000; Isère, 60,000; Jura, 28,000; Loir-et-Cher, 21,000; Loiret, 14,000;
Rhône, 57,000; Saône-et-Loire, 46,000; Seine, 242,000; Seine-et-Marne, 31,000;
Seine-et-Oise, 30,000; Vosges, 20,000; Yonne, 31,000; Algérie, 24,000.

général, dont nous avons principalement à nous occuper. Les moyens d'action et de pression, l'intérêt d'emporter la victoire, restent toujours les mêmes dans toute l'échelle des autorités et des fonctionnaires qui relèvent du gouvernement à un titre quelconque; la puissance directe du citoyen sur ses co-électeurs diminue, au contraire, en proportion du cercle plus large où il est appelé à se mouvoir : sa parole a moins de prise, les considérations qu'il fait valoir touchent moins ses auditeurs, dès qu'il n'entretient plus ceux-ci de choses ou d'hommes qui font partie de leur vie quotidienne, dès qu'il est obligé d'imprimer à son langage un caractère plus général. Loin d'annuler l'administration, le scrutin de liste met tout l'avantage de son côté.

Il y aurait un autre travail à faire pour se rendre scrupuleusement compte de l'effet comparatif des deux systèmes entre lesquels on est appelé à prononcer : il faudrait rechercher de quelle manière la représentation nationale peut arriver à se trouver répartie avec l'un ou avec l'autre scrutin. En 1877, le département du Nord donne collectivement 142,000 voix aux monarchistes contre 120,000 aux républicains; ces derniers, néanmoins, emportent dans les circonscriptions huit sièges sur les dix-huit que le département possède à la Chambre. Dans la Sarthe, les républicains sont également en minorité pour l'ensemble, et ils obtiennent deux députés sur six; ils en ont trois sur six dans la Vienne et pourtant ils n'y recueillent que 29,000 voix contre 47,000; en Vendée, ils font passer trois de leurs candidats avec 33,000 voix; dans ce même département, les partis monarchiques réunissent 53,000 voix et n'ont aussi que trois députés. A prendre seulement les quatre exemples que nous citons, le scrutin de liste aurait donné trente-six députés aux adversaires de la République et aucun à celle-ci; le scrutin d'arrondissement n'a que dix-neuf élections monarchiques et en laisse dix-sept au parti républicain. Le contraste des chiffres parle de lui-même!

III

Le souvenir de l'Assemblée nationale devrait suffire pour que l'idée ne vînt à aucun républicain de convertir en institution per-

manente le mécanisme électoral d'où elle était sortie. N'est-elle pas
la preuve vivante de l'irrésistible ascendant qu'exercent, avec le
scrutin de liste, les circonstances au milieu desquelles s'accom-
plit une élection? Au mois de février 1871, la France voulait la
paix, et rien que la paix; elle ne songeait pas plus à rouvrir la
question de gouvernement qu'elle n'était en mesure de la ré-
soudre de sang-froid. Qu'arriva-t-il? Comme la certitude de la
paix désirée se personnifiait d'une manière plus frappante dans
les hommes que leur position et leur fortune y intéressaient plus
directement, le suffrage universel se précipita vers eux, sans
rien leur demander, sans rien examiner, sinon que chez eux
devait se trouver la satisfaction de son vœu du moment; — et
il donna vingt-six élections à M. Thiers, en qui il ne voyait
certainement pas alors la personnification de la République. Le
résultat sera identique toutes les fois qu'un appel aux électeurs
aura lieu dans une heure de passion, de crainte, de colère, d'im-
patience ou même de simple malaise. En pareil cas, la préoccupation dominante, quelle qu'elle soit, fait oublier tout le reste ;
elle détermine un courant passager, mais irrésistible, devant lequel cèdent, chez le plus grand nombre, toute prévoyance et
toute considération d'avenir. Avec des populations aussi impres-
sionnables que les nôtres, avec tant de causes d'hésitation et de
suspicions réciproques léguées au présent par les secousses de
notre passé, avec la timidité d'opinion qu'a engendrée la chute
successive et toujours tragique des régimes les plus divers, l'é-
motion est et sera longtemps encore en permanence dans notre
corps électoral. Il se passera des années avant qu'on puisse
trouver, pour le convoquer, une période où il ne soit pas sous
l'influence de quelque impression extrême. C'est seulement
lorsque la question de gouvernement aura définitivement cessé
d'être notre problème perpétuel et de s'agiter au fond de tous
les actes de notre vie politique, que le droit de vote arrivera à
s'exercer en France avec une entière liberté d'esprit et une indépendance réelle. Jusque-là, il restera livré à des fluctuations en
sens opposés, qui porteront brusquement et tout d'une pièce
la majorité, tantôt à droite, tantôt à gauche, suivant que la nation
se croira menacée dans sa sécurité ou dans sa liberté.

On allègue que le désavantage d'hier devient précisément l'avantage d'aujourd'hui, et que la République est appelée à trouver sa consolidation là même où elle a failli rencontrer sa perte. Le scrutin de liste a donné, en 1871, une Assemblée ultra-conservatrice, parce que la question de conservation se trouvait seule en jeu ; il doit donner désormais une Chambre franchement républicaine, parce que les partis adverses n'ont rien d pratique et de saisissable à offrir aux électeurs en dehors de la République. Ceux qui affirment ce résultat ne s'avancent-ils pas beaucoup? Le nombre est plus grand qu'on ne l'imagine des départements où la coalition des monarchistes de toute provenance, renforcée par les « conservateurs » hésitants et secondée par les intérêts régionaux, pourrait encore surprendre la victoire.

A cette chance contraire il convient d'ajouter les nominations équivoques, que d'inévitables compromis associeront plus d'une fois au succès des listes républicaines. Il n'est donc nullement démontré que le mode de votation auquel on s'attache doive donner à la République la majorité homogène et définitive que l'on se promet. Beaucoup dépendra toujours du moment où le suffrage universel sera appelé aux urnes, et il ne faut pas perdre de vue, — je reviens sur ce point d'une importance dont on ne tient pas assez compte, — il ne faut pas perdre de vue que le droit de déterminer ce moment peut ne pas dépendre toujours de volontés sincèrement républicaines. Ce droit peut devenir une arme redoutable avec un ministère qui voudrait en user dans un intérêt de parti. Maître de faire parler le suffrage universel à son jour et à son heure, un cabinet « habile » trouvera toujours moyen de le consulter quand il sera sûr de la réponse. Il saisira un accès de lassitude, d'agacement ou d'alarmes, provoqué au besoin par les tiraillements que lui-même aura suscités et entretenus, mais qu'il aura eu la précaution de mettre au compte de l'instabilité républicaine, pour faire appel à de nouvelles élections. A moins d'avoir oublié toute notre histoire contemporaine, on voit d'ici quelle serait la composition d'une Chambre nommée au scrutin de liste dans de pareilles conditions. Les intérêts, affolés par la propagande de la peur, se précipiteraient encore une fois aveuglément vers le drapeau qu'on leur présenterait comme l'emblème du salut.

L'éventualité n'est pas tellement imaginaire, elle peut même n'être pas tellement lointaine, qu'on doive la traiter légèrement. Le jour où elle surgirait, nous regretterions amèrement les chances divisées et la force relative que nous aurions pu trouver dans le scrutin d'arrondissement, pour résister au courant de réaction créé par nos adversaires. Comme tant d'autres fois, malheureusement, il serait alors trop tard.

IV

Où sont les gages politiques donnés par le scrutin de liste ? Où sont les titres de confiance que l'expérience peut lui valoir ? Je cherche un pays qui le pratique ; je n'en trouve aucun parmi ceux qui ont acclimaté chez eux le progrès pacifique avec la liberté. Ni l'Angleterre (1), ni la Belgique, ni la Hollande, ni l'Italie, n'ont songé à adopter ce mode de votation doué de tant de vertus : c'est le choix par circonscription ou par arrondissement qui sert de base électorale chez toutes ces nations, et je ne vois pas qu'elles aient eu si fort à s'en plaindre ; je ne vois pas non plus qu'elles songent à changer, malgré les défauts sans nombre qu'on s'est avisé, en France, de découvrir à un système universellement suivi. Il est bon d'être novateur, et ce n'est pas ici que l'on songera jamais à s'élever contre un effort tenté pour rompre en visière à la routine ; plutôt serais-je enclin à trouver qu'on laisse trop de choses se perpétuer telles qu'elles sont, par la seule raison qu'elles ont toujours été ainsi. Mais nous reportons trop volontiers vers le domaine constitutionnel l'activité réformatrice dont nous nous montrons si économes en matière administrative. A nous entendre et à nous voir, il semble que la

____

(1) Le système de représentation pratiqué en Angleterre comporte dans certains cas des nominations qui ont une apparence de collectivité. Mais en étudiant le mode de votation et la répartition des députés par comtés, villes, bourgs et universités, on arrive à constater qu'il y a tendance à particulariser les mandats bien plus qu'à les généraliser, et que l'élection est essentiellement dominée, plus même qu'en France, par l'unité locale d'intérêts, réduite à sa plus étroite sphère.

suppression de quelques bureaux soit chose de plus de conséquence que la transformation de notre régime électoral. Je pense
différemment. Notre fécondité de théories et la multiplicité de
nos essais sur le terrain gouvernemental ne nous ont pas tellement réussi, qu'elles ne doivent nous donner à réfléchir et nous
faire regarder davantage ce qui se passe chez les autres. Il ne
suffit pas d'admirer la Belgique ou d'envier l'Angleterre ; quitte à
imaginer mieux plus tard, contentons-nous d'abord de leur em-
prunter ce qui leur a réussi.

En France même, quelle est l'histoire du scrutin de liste ?
Quelles traces et quels souvenirs a-t-il laissés ? Ses antécédents
se résument en trois dates : 1848, 1849, 1871. La première Assemblée ainsi élue fraya la route à l'élection de Louis-Napoléon.
La seconde, après avoir entouré de mesures restrictives le droit
de suffrage, offrit une majorité de 446 voix contre 278 en faveur
de la révision constitutionnelle qui devait donner au prince-pré-
sident le droit de se faire réélire à perpétuité. Quant à l'Assemblée nationale de Versailles, on sait que ce n'est point sa faute si
la France, rejetée par surprise sous le joug de la monarchie de
droit divin, n'a pas glissé dans la guerre civile. Sont-ce là de si
grands titres de recommandation aux yeux des républicains ?

Arrivons au pays vers lequel il faut toujours se tourner lorsqu'on cherche un enseignement politique. Grâce à une particula-
rité qui semble faite tout exprès pour la circonstance, les États-
Unis présentent côte à côte la pratique du scrutin de liste et
celle de l'élection par district. C'est d'après ce dernier système
que sont nommés les membres de la Chambre des représentants ;
c'est un scrutin de liste, au contraire, qui désigne, tous les quatre
ans, les électeurs spéciaux chargés de proclamer le nouveau chef
du pouvoir exécutif, en vertu de la clause constitutionnelle, devenue une pure fiction, qui établit un simulacre d'élection à deux
degrés pour cette nomination.

L'étude comparative des deux systèmes devient ici d'autant plus instructive et plus facile, qu'elle porte sur des représentations à peu près identiques dans l'un et l'autre cas. On
sait, en effet, que le nombre des votes attribués à chaque État
dans le collège présidentiel correspond à celui des sièges qui

lui sont attribués dans le Congrès fédéral : il nomme autant d'électeurs pour la présidence qu'il envoie de représentants à la Chambre, plus deux comme équivalent des voix qui lui appartiennent dans le Sénat. New-York et la Pennsylvanie, par exemple, qui élisent respectivement 33 et 25 députés, délèguent, respectivement aussi, 35 et 27 électeurs présidentiels. On voit combien est à la fois étroit et curieux le rapprochement de la double opération politique qui, partant de la même base, emprunte cependant des procédés tout différents.

L'élection présidentielle de 1860, d'où sortirent la nomination de M. Lincoln et, par contre-coup, la guerre civile, semble avoir été combinée tout exprès pour mettre en relief, avec la puissance d'un évènement historique, les effets que peut produire un scrutin de liste.

Il est un premier fait auquel on a prêté trop peu d'attention et qui devint peut-être la véritable cause déterminante de la sécession : c'est que, au point de vue du suffrage universel, M. Lincoln fut, en réalité, l'élu d'une minorité ou du moins d'une simple pluralité relative.

Le total des bulletins comptés s'éleva à 4,670,912, ainsi répartis :

M. Douglass.	1.375.157	
M. Breckenridge.	835.763	2.800.501
M. Bell.	589.581	
M. Lincoln.		1.866.352
Différence contre M. Lincoln		934.149

Cette infériorité dans l'ensemble du vote n'empêcha pas que, sur les 303 voix dont se composait le collège électoral présidentiel, 180 demeurèrent acquises au candidat du Nord. L'explication de cette anomalie est fort simple. Du moment où les délégués de chaque État sont nommés en bloc, il suffit nécessairement de la moindre majorité dans un État pour livrer à un parti le total des voix présidentielles dont cet État dispose. Et s'il arrive, comme ce fut le cas dans la circonstance dont j'évoque le souvenir, que les États les plus populeux, conséquemment les plus représentés, soient tous entraînés dans un même sens, il n'y a plus de contre-poids possible, quelle que soit la manière dont votera le reste du pays. Dans l'État de New-York, le scrutin populaire ne donnait à M. Lincoln que 50,000 voix de majorité, mais cela suffisait pour lui assurer 35 électeurs au collège présidentiel ; tandis qu'une majorité de 113,000 voix, obtenue par M. Douglass dans le Tennessee, n'aboutissait à lui amener que 12 votes. Dans l'Ohio, l'Indiana et l'Illinois, 39,000 suffrages de différence grossissaient de 47 partisans le camp de M. Lincoln, et M. Bell n'en gagnait que 12 avec 67,000 voix de supériorité dans le Kentucky. Pour que rien ne manquât à l'enseignement, il se trouva même que la proportion fut renversée, sur toute la ligne, entre les chiffres du suffrage universel et la répartition des voix dans le collège présidentiel. Le tableau est trop instructif pour n'être pas dressé :

Candidats.	Suffrage univ.	Collège présid.
M. Lincoln.	1.866.352 voix.	180 voix.
M. Douglass	1.375.157 —	12 —
M. Breckenridge . .	835.763 —	72 —
M. Bell	589.581 —	39 —

Ainsi, avec plus des deux tiers du chiffre de suffrages qui assurait 180 votes à M. Lincoln, M. Douglass n'en obtenait que 12 ! Contraste plus choquant encore : deux dixièmes seulement du vote populaire suffisaient pour donner à M. Breckenridge 72 voix dans le collège présidentiel, et M. Bell lui-même, qui avait à peine figuré pour un dixième dans le vote général, se trouvait compter trois fois plus d'électeurs que M. Douglass !

Or tandis que, d'un côté, le scrutin de liste amenait ce résultat illogique et écrasant contre le parti démocrate, les élections parlementaires, accomplies par district, le même jour, à la même heure, donnaient à ce parti huit sièges dans l'État de New-York, sept en Pennsylvanie, cinq ou six dans l'Ohio, l'Indiana, l'Illinois, et lui laissaient ainsi, à la future Chambre, la part légitime de représentation qui lui était absolument refusée au collège présidentiel.

La leçon nous touche de plus près encore qu'elle n'en a l'air, et porte plus loin que le simple point de vue du principe. Au

fond, le mécanisme établi par nos nouvelles lois constitution-
nelles, pour la transmission du pouvoir exécutif, est le même
qu'aux États-Unis : toute la différence consiste en ce que, chez
nous, les sénateurs et les députés appelés à élire le président de
la République auront été nommés quelque temps à l'avance, alors
qu'en Amérique les électeurs présidentiels sont investis d'une
mission spéciale et immédiate. Assez grande au premier abord,
cette différence peut se réduire et se réduira probablement à peu
de chose dans la pratique. Les élections de députés, faites à
l'approche d'un renouvellement de présidence, auront nécessairement lieu en vue de cette éventualité et sous l'influence des
aspirations qu'elle éveillera. Le contrepoids que pourra opposer
la partie renouvelée du Sénat ne sera jamais que relatif, et la
plupart du temps inefficace. Eh bien, qui peut nous garantir,
avec le scrutin de liste, contre quelque résultat analogue à celui
de 1860 aux États-Unis ? Est-ce que nous n'avons pas, en France,
un certain nombre de départements dont les délégations, grou-
pées en masse autour d'une candidature, suffiraient pour faire
échec au reste de la représentation nationale, même alors qu'elles
n'auraient derrière elles qu'une minorité du suffrage universel ?
Et, reprenant la supposition que j'évoquais tout à l'heure, qui
empêchera un ministère de faire concorder le renouvellement de
la Chambre avec l'époque de l'élection présidentielle, d'aussi
près que cela pourra favoriser ses vues et les intérêts de son
parti ?

Tout cela est tellement vrai, qu'une réaction contre la votation par liste se manifeste au sein de la République américaine,
dans le temps précisément où l'on entreprend de la faire adopter
par la République française. De même que l'élection présidentielle de 1860, celle de 1880 vient de laisser le président nommé
en minorité effective (350,000 voix environ) par comparaison
avec le vote réuni des deux concurrents qui posaient leurs candidatures contre la sienne : le démocrate et le *greenbacker*. A
prendre même isolément le général Hancock, c'est à peine si
M. Garfield a obtenu sur lui une insignifiante majorité relative
dans le relevé du vote au premier degré ; celui-ci a donné
4,436,014 voix au candidat démocrate et 4,439,415 au candidat

républicain ; différence : 3,401. Avec ce minime écart, pourtant, M. Garfield s'est trouvé maître de près des deux tiers des votes dans la composition du collège électoral présidentiel. Cette disproportion de résultats, qui avait passé presque inaperçue il y a vingt ans, au milieu des premiers bruits de la sécession, a vivement frappé cette fois les esprits comme une négation directe du suffrage universel et une violation des droits que le monde moderne lui reconnaît de plus en plus hautement. On se demande, non sans inquiétude, où pourrait conduire une combinaison contradictoire qui subordonne ainsi l'issue du vote de la nation à la répartition d'un nombre restreint de mandats impératifs décernés en bloc. Une discussion s'est engagée sur l'opportunité qu'il y aurait de revenir à l'élection populaire directe, dans l'intérêt de l'équité et de la liberté. Un homme dont le nom fait autorité en matière de droit public, M. Isaac L. Rice, de New-York, a consacré à la question une brochure qui fait sensation et dans laquelle nous allons puiser la meilleure des conclusions. Après avoir développé et envisagé les effets successifs du scrutin de liste, M. Rice termine en ces termes :

« Le suffrage populaire direct donnera à la majorité ses véritables attributs en en faisant l'expression pratique de la volonté nationale. Actuellement, la manifestation de cette volonté est sujette à une telle perversion, qu'elle permet à la minorité d'usurper la place de la majorité par une répartition artificielle des votes favorables à la première. Mais un gouvernement de minorité est une oligarchie, non une démocratie ; peut-être le privilège frauduleux de ces gouvernants ne vaut-il guère mieux que celui départi par la naissance ou par toute autre distinction. Et cette oligarchie n'est qu'une transition conduisant à l'impérialisme. La première aboutit certainement au second, si la majorité, tandis qu'elle n'est pas encore asservie, ne prend pas la peine de rechercher comment il se fait qu'elle soit gouvernée par la minorité. Mais alors, à moins que la constitution ne soit amendée, cela conduit à la révolution, — et la révolution n'est qu'une autre route menant à l'impérialisme. »

Impérialisme ici veut dire dictature ; — et la dictature, quelques apparences qu'elle revêt, quelque forme qu'elle affecte, est le péril contre lequel un peuple qui veut rester libre ne doit jamais cesser de se tenir sur le qui-vive.

V

Lorsqu'on se trouve en présence de modifications qui touchent à la vie de la nation, qui peuvent, à un moment donné, exercer une influence décisive sur son avenir, il ne faut point se payer de mots sonores et d'arguments d'apparat. « Le scrutin uninominal, — dit-on, — porte incessamment atteinte à la moralité du corps électoral et, par contre-coup, à l'indépendance de l'élu. » On ajoute qu'il donne de mauvais choix, qu'il favorise l'intrigue et empêche les capacités de se produire. On présente comme un remède instantané à tous ces maux le scrutin de liste, lequel enverra à la Chambre des hommes infiniment supérieurs, n'obéissant pas aux préoccupations locales, ne relevant que d'eux-mêmes, réalisant en un mot toutes les qualités du parfait législateur.

C'est traiter assez cavalièrement nos députés actuels et les reléguer, d'un trait de plume, au rang de représentants de seconde catégorie. On en fait des élus du hasard ou de l'intrigue, redevables de leur mandat parlementaire moins à leur mérite qu'à leur situation personnelle dans un arrondissement, parfois même à des moyens peu avouables, et visant à conserver la députation par une docilité qui ne serait pas loin du servilisme envers leurs électeurs. Je ne sais jusqu'à quel point les membres de la Chambre doivent se trouver flattés du jugement ainsi porté sur leur compte et du sans-façon avec lequel on donne à entendre que le prestige du pays est intéressé à les remplacer par de plus dignes. Ne sont-ce donc plus les mêmes hommes dont on acclamait l'élection, il y a trois ans, comme un triomphe pour la République, comme une marque de virile indépendance donnée par le peuple ? Ne sont-ce pas, en grande majorité, les 363 qui firent échec aux entreprises du 16 mai et finirent par les déjouer avec un courage pour lequel aucun éloge ne semblait alors assez grand ? Mais c'est une question de personnes où je n'ai pas à entrer. On nous fait entrevoir, au nom du scrutin de liste et par sa seule vertu, un changement merveilleux dans la composition de la Chambre, dans le caractère et le rôle des membres qui la composent; voyons sur quels moyens pratiques on table pour faire de cette promesse une réalité.

Quel est le fonctionnement du scrutin de liste?

Un comité se forme dans chaque chef-lieu; il reçoit ses inspirations de Paris, dresse une liste de candidats et inscrit en tête un ou plusieurs noms en vue, dont la popularité ou la notoriété doit, en quelque sorte, servir de remorqueur au reste. Ce reste, néanmoins, conserve son importance au point de vue des suffrages à réunir; il est nécessaire de le combiner en tenant compte des positions et des influences de localité, pour s'assurer des concours qui, autrement, resteraient tièdes ou peut-être tourneraient en oppositions. Après le comité départemental, viennent les comités locaux. Il faut donner satisfaction à chaque arrondissement, lui arranger sa part de représentation, lui demander un candidat; et, ainsi déjà, l'on retombe, par la force des choses, dans la répartition qu'on prétendait supprimer. Puis, comment se soustraire à l'obligation de donner la préférence à telle individualité, peut-être médiocre, sur telle autre infiniment supérieure, par la raison toute-puissante que la première a chance de commander au suffrage universel dans la contrée et qu'il est essentiel de ne pas se l'aliéner si l'on veut être sûr de la victoire? C'est un nouveau pas dans la direction de ce qui se passe aujourd'hui. Si même il arrive qu'une individualité ne présente que par à peu près les garanties désirables, qu'elle ne réponde qu'imparfaitement aux conditions du programme arrêté, la rejettera-t-on, s'exposera-t-on à la mettre contre soi par un excès de puritanisme politique? Évidemment non. Le comité jugera préférable de l'accepter, avec ses insuffisances, mais aussi avec l'appoint de votes et les promesses qu'elle apporte au succès collectif. Le candidat, de son côté, capitulera, entrera en négociations et en arrangement. De part et d'autre, il se fera un compromis pire peut-être et plus fâcheux que les transactions tant reprochées au scrutin d'arrondissement. Par un détour et avec une variante dans la forme, on sera ramené vers un résultat analogue.

Qu'on ne prétende pas que les choses ne se passeront pas ainsi; c'est la marche inévitable de toute élection quant à la préparation des candidatures : comité central, comité départemental, comité cantonal; le mode de formation peut différer, le fonctionnement reste le même, les mêmes passions s'y agitent, les mêmes considérations y prévaudront, les motifs déterminants et les agissements se ressembleront toujours. Sauf, je le répète, pour un petit nombre de noms qui rayonnent un peu partout et qui auront le bénéfice de l'ubiquité comme tête de liste, la réforme se résumera dans un changement de procédé.

L'indépendance du suffrage universel n'y gagnera pas davantage; elle y perdra plutôt et l'on aura amoindri l'exercice de son discernement. Actuellement, il vote pour un candidat qu'il connaît, qu'il voit de près, dont il peut apprécier les mérites et les démérites; avec le nouveau système, il lui faudra voter pour une série de noms dont il n'aura jamais entendu parler, qu'il devra accepter passivement sur parole, sous peine de faillir à son parti. On a rapporté le mot d'un fermier disant, en 1871, à son maître, qui cherchait à lui expliquer son droit de modifier, suivant son jugement, les noms de sa liste : « Vous êtes inscrit dessus, monsieur le comte; qu'il y ait le diable ensuite, que voulez-vous que ça me fasse? » La réponse partait du cœur; mais elle traduit avec une naïve franchise la façon dont bien des électeurs, dans les campagnes surtout, entendent le scrutin de liste et le pratiquent. Dans le bulletin multiple qu'on leur met entre les mains, ils ne voient qu'un nom : le surplus leur importe peu; ils en accomplissent le dépôt dans l'urne comme un acte machinal. Il n'y a que les villes, — et là, même pas toujours, — où les votants aient une connaissance suffisante des hommes pour choisir les candidats, et prennent la peine d'en effacer un pour en substituer un autre. Dans la généralité des cas, une préférence unique décide du vote; le gros des candidatures passe comme par dessus le marché; le hasard ou le calcul qui a dirigé l'association des noms arrive à jouer le rôle prédominant dans l'ensemble du scrutin. Ce sera, si l'on veut, le triomphe de la discipline de parti; mais c'est à coup sûr l'annihilation de l'initiative et de la libre appréciation individuelle. On fait grand bruit de ces deux qualités; on se lamente de leur rareté en France; on parle en toute occasion du besoin de les développer : ce n'est pas en contraignant les populations à voter pour des inconnus que l'on y travaillera.

Est-il vrai, du moins, que ces nominations collectives mettront ceux qui en auront été l'objet à l'abri des importunités que l'électeur se croit trop permises auprès de *son* député? Ici, je touche à l'argument non pas le plus solide, mais le plus spécieux des avocats du scrutin de liste. Il est malheureusement incontestable que, à très peu d'exceptions près, les membres de la Chambre voient pleuvoir chez eux les demandes et les commissions; que bon nombre de leurs commettants les considèrent comme des serviteurs à tout faire donnés par l'élection; qu'ils reçoivent chaque jour, de leur circonscription, les requêtes les plus énormes et les plus saugrenues, formulées souvent du ton de l'exigence; que beaucoup d'entre eux sont assujettis au rôle de tiers solliciteurs; qu'il leur faut assaillir à leur tour les ministres et les ministères, promener d'escalier en escalier des exigences et des importunités dont ils ne sont que les interprètes. C'est un mal et un mal déplorable, j'en conviens; mais croit-on qu'aucun mode de votation y remédiera? Il a toujours existé et existera toujours, sous l'empire du suffrage restreint comme sous celui du suffrage universel, avec le scrutin de liste comme avec le scrutin d'arrondissement. Il tient au caractère national, au fait d'un pays trop peuplé où l'on se dispute la place et les places, à l'habitude prise de tout attendre des hommes qui composent le gouvernement ou qui en approchent, à la croyance qu'on peut tout leur demander et que tout leur est possible. Dans son admirable livre, *l'Ancien Régime et la Révolution*, M. de Tocqueville parle de la découverte qu'il a faite, au fond des archives d'une ancienne intendance de province, de trois cents lettres sollicitant le même emploi; dans le nombre, il cite un pétitionnaire qui suggère de créer un poste tout exprès pour lui, si celui qu'il sollicite se trouvait déjà pris! Nous sommes le même peuple et le serons aussi longtemps que les ministres écouteront des recommandations et subiront des influences; aussi longtemps que les changements de régime se borneront à faire aujourd'hui sous le nom démocratique de camaraderie, ce qui se faisait hier sous le nom aristocratique de favoritisme. Demandez aux anciens membres de l'Assemblée nationale, sortis du scrutin de liste, s'ils étaient plus exempts de cette tyrannie électorale que les députés actuels. J'en ai connu plus d'un, à l'époque, se vouant à tous les saints ou à tous les diables, suivant le cas, en présence des missions de toute espèce dont les accablait leur département. Combien habitaient Paris en réalité, qui conservaient à Versailles une résidence apparente dont ils faisaient inscrire l'adresse au livret parlementaire, pour y envoyer leurs électeurs et esquiver ainsi une partie de leurs visites ! Combien étaient dérangés au milieu de la séance, pour placer dans les tribunes des commettants en voyage, qui venaient les mettre en réquisition et réclamaient cette complaisance comme un dû ! Demandez encore présentement aux sénateurs, qui n'ont cependant point de circonscription à satisfaire et à conserver. Tous vous diront que le mandat législatif est inséparable de ce genre de corvée, et l'on peut en dire autant de n'importe quel mandat électif. Le penchant instinctif de l'électeur est de considérer comme étant à sa discrétion celui qu'il a contribué, si peu que ce soit, à élire. S'il y avait une distinction à établir, elle serait après tout à l'avantage du député, qui n'a qu'un seul arrondissement à contenter. Avec l'autre système, dès qu'il se sera fait une réputation d'obligeance ou d'influence, il risquera fort d'avoir son département tout entier sur les bras.

VI

Les élections collectives modifieront donc beaucoup moins qu'on ne le prétend les choix indiqués aux électeurs, la situation des élus et la composition de la Chambre. Le changement, en tant que changement il y aura, ne profitera guère qu'à un petit nombre de grandes notabilités qui y trouveront le bénéfice d'élections multiples dont elles peuvent fort bien se passer, ou à quelques ambitions secondaires qui, n'ayant pas assez de surface pour réussir seules, chercheront, dans un mélange habilement préparé, le moyen d'augmenter par reflet leur importance. Ce sera un encouragement offert aux hommes qu'un tempérament particulier porte à chercher dans la politique une profession ou un avenir, nullement l'occasion de se produire donnée aux capacités qu'étouffe, dit-on, le scrutin d'arrondissement. Il est très vrai que si nous nous reportons à l'Assemblée de 1848 et à celle de 1871, elles présentent un groupe de supériorités plus propre à frapper l'attention publique que celui qui s'est révélé dans ces dernières années ; mais pour peu que l'on approfondisse cette comparaison faite à la légère, il est aisé de se convaincre que la différence est venue des circonstances, non du mode de votation. En 1848, la France comptait trente ans de discussion et de vie parlementaire, qui avaient formé beaucoup d'hommes et créé nombre de notoriétés. A la Chambre des députés, comme à la Chambre des pairs, comme dans le monde du journalisme et des lettres, on comptait par douzaines les talents de parole ou de plume qui avaient eu le temps de se développer et d'apparaître au grand jour de la tribune ou de la presse, les individualités marquantes arrivées à la maturité et à la réputation, au milieu d'institutions qui, malgré ce qu'elles conservaient de restrictif, leur avaient laissé la liberté de s'épanouir et de se produire. L'habitude de traiter et de juger les questions s'était généralisée par l'exercice quotidien dans toute une classe de la société. Le suffrage universel n'eut qu'à récolter des noms dans la foule des candidatures qui lui étaient désignées d'avance. Plus d'un même, qui n'avait pas encore acquis l'expérience de la vie publique, apportait au Palais-Bourbon un commencement de préparation politique acquis dans le mouvement auquel il s'était mêlé de loin. Si l'on étudie les annales parlementaires du temps, on voit combien peu il y eut de renommées improvisées, combien peu de celles-là ont survécu au prestige dont elles furent alors entourées.

Lorsque, vingt-deux ans plus tard, la France, écrasée sous les désastres, élut de nouveau ses représentants par département, elle n'obéit, je l'ai déjà rappelé, qu'à l'unique désir de voir la paix conclue. Il était naturel que, sous l'empire de cette aspiration, elle s'adressât de préférence à l'élite sociale, dont les intérêts lui garantissaient les inclinations pacifiques, aux hommes de position et d'âge à repousser l'aventure d'une guerre à outrance. Cette préoccupation, qui dominait tout le reste chez l'électeur, le conduisit dans le milieu des anciens parlementaires et de ceux qui avaient vécu à leur école. La composition de l'Assemblée qui siégea d'abord à Bordeaux, puis à Versailles, fut ainsi toute particulière, comme le motif qui y avait présidé. Les membres n'en avaient pas été choisis pour représenter des intérêts régionaux ou une idée politique générale; ils avaient mission de terminer la guerre, et rien de plus. De là vint une réunion d'esprits instruits, habitués au travail intellectuel, familiarisés par l'étude avec les questions de tout genre, grâce auxquels l'Assemblée de 1871, considérée dans ses travaux pratiques, pourra figurer au rang des plus remarquables qu'ait eues la France; mais de là vint aussi que, le jour où la politique y fit son entrée, elle apparut avec des doctrines d'une autre époque et des visées rétrogrades. Il fallut que la conviction de l'évidence pénétrât chez des hommes qui appartenaient au passé plus qu'au présent, tels que Thiers, Casimir Périer et Rémusat, pour constituer le centre de ralliement autour duquel se réunit peu à peu le groupe qui allait fonder la République.

A la première comme à la seconde des époques que nous venons de rappeler, l'éclat parlementaire est venu non pas d'hommes nouveaux, mais d'hommes qui avaient fait leur début, leur apprentissage et leurs preuves dans la mêlée de la Monarchie constitutionnelle, ou qui s'étaient formés à l'ombre de sa tradition. Presque tous ont dû disparaître de la scène aux élections de 1876 qui, avec l'avènement du régime nouveau, amena forcément une génération nouvelle. Celle-ci était ou trop jeune encore ou imprégnée des enseignements de la période impériale, lesquels commandaient avant tout le silence et l'abdication de l'initiative individuelle devant le pouvoir. On peut nous objecter, il est vrai, que telle avait été aussi la discipline du premier Empire, et que la Restauration trouva néanmoins un personnel tout prêt pour la lutte politique. Mais le premier Empire, il ne faut pas l'oublier, était venu à la suite d'une période de surexcitation fiévreuse; lui-même, tout en comprimant les volontés et les discussions, avait constamment entretenu sous la forme militaire les ardeurs généreuses de la nation ; il avait été, comme l'a dit le président de Hénault en parlant des siècles d'Auguste et de Louis XIV, « un de ces temps où les peuples toujours armés, nourris sans cesse au milieu des périls, entêtés dans les plus hardis desseins, ne voient rien où ils ne puissent atteindre ; de ces temps où les évènements heureux ou malheureux, mille fois répétés, étendent les idées, fortifient l'âme à force d'épreuves, augmentent son ressort et lui donnent ce désir de gloire qui ne manque jamais de produire de grandes choses ». Ces temps-là préparent des hommes qui se révèlent toujours, soit que la suite des évènements les tourne vers les armes ou qu'elle les jette dans la politique. Le second Empire, avec sa doctrine de bien-être mis au-dessus de tout, avec ses théories d'asservissement moral donnant à chacun pour unique conseil de se laisser vivre, n'avait préparé et ne pouvait préparer rien de semblable. Lui-même n'avait plus trouvé que des comparses, lorsqu'il s'était agi de remplacer les premiers rôles qui avaient concouru à sa fondation et jeté un éclat passager sur ses premières années : à plus forte raison ne laissait-il que des recrues inexpérimentées au régime qui s'est élevé à sa place au milieu de si effroyables tourmentes. Il était inévitable que la troisième République, en lui succédant, rencontrât chez ceux qu'elle invitait brusquement à la vie publique plus de bonnes volontés que de forces réelles.

C'est dans cette cause et non ailleurs qu'il faut chercher le secret du contraste que l'on s'avise de relever entre les Assemblées de 1848 et de 1871 d'une part, et celles de 1876 et 1877 de l'autre. Ce n'est point parce que les unes avaient été nommées au scrutin de liste qu'on y peut noter tant de personnalités supérieures ; ce n'est point parce que les autres ont été nommées au scrutin d'arrondissement que si peu de supériorités nouvelles y ont surgi : c'est parce que les premières héritaient, pour ainsi dire, d'armées politiques toutes faites, tandis que les secondes ont dû péniblement, et en tâtonnant, reconstituer les leurs. Les circonstances à travers lesquelles s'est fait ce travail n'ont pas été non plus sans influer sur sa lenteur ; elles ont relégué et relèguent encore au second plan des hommes qui auraient pu être des chefs, qui le seront un jour. Ces hommes ont tout à apprendre, tout à acquérir, même le sentiment de leur valeur. Dans ce personnel parlementaire, que l'on gourmande de sa médiocrité, il y a plus d'une réputation de l'avenir; mais il faut laisser le temps faire son œuvre.

Nous ne sommes plus aux âges fabuleux où Minerve naissait tout armée du cerveau de Jupiter, et nul, si puissant qu'il soit ou qu'il se suppose, n'a plus le privilège de faire surgir une génération nouvelle prête à entrer en ligne, en frappant du pied la terre. La France traverse une de ces périodes intermédiaires qui empruntent leurs clartés aux reflets du passé, plus qu'elles ne jettent d'éclat par elles-mêmes, et qui sont comme les éclipses de la vie des peuples. Aucun pays, aucun temps n'échappe à ces intermittences, pendant lesquelles on pourrait dire que les évènements marchent sans les hommes. Tous les siècles de notre histoire ont eu leur phase de clair-obscur, sans en excepter celui qui, à distance, apparaît le plus radieux. C'est le règne des médiocrités, disent dédaigneusement ceux qui, sans doute, se considèrent comme supérieurs à leur époque; nous accepterons le mot, sans rechercher si les gens qui tranchent de si haut font acte de modestie en se confondant avec le commun de leurs contemporains, ou s'ils se jugent à part des autres. Mais, médiocrités ou non, ce n'est pas un changement de procédure électorale qui transformera ce qui est, comme par un coup de baguette magique. On parle, en termes voilés, de hautes capacités étouffées par le scrutin d'arrondissement et que révélera le scrutin de liste; on promet des hommes qui, « par leur talent, par leur éducation politique, par l'étendue de leurs connaissances, par la grande position qu'ils ont acquise dans l'un des domaines de l'esprit, sont tout ce que le pays a de plus énergique et de plus puissant pour la haute et ferme administration de ses affaires ». Où sont, parmi les refusés du suffrage universel, les noms à mettre sous cette prestigieuse définition, qui fait entrevoir une pépinière de grands hommes? Le scrutin de liste serait doué d'une vertu bien particulière s'il nous donnait ce qui ne s'est jamais vu et ce qui n'existe nulle part ailleurs.

Passons en revue les parlements étrangers ; combien y comp-
tera-t-on de membres dont le nom se soit fait jour jusqu'à nous
ou même obtienne quelque retentissement dans leur propre
pays? Parcourons nos annales parlementaires, aux endroits qui
ont jeté le plus vif éclat, quel est le nombre des réputations qui
s'en détachent, proportionnellement au chiffre des hommes qui
ont siégé côte à côte? Partout et toujours, en 1848 et en 1871
comme autrefois, on rencontre un petit groupe d'hommes jouant
un rôle et prenant la parole avec autorité, au milieu de centaines
d'inconnus, tirés de l'obscurité par un mandat passager et seulement pour ceux qui vivaient près d'eux. Combien de ceux-là
n'ont figuré parmi les représentants du pays que pour leurs
amis, leurs électeurs et leurs collègues! Combien n'ont compté
pour le public et pour les journalistes eux-mêmes que les jours
où leur vote, — souvent donné par procuration, — figurait au
relevé d'un gros scrutin parlementaire! Quel que soit le mode
d'élection, une assemblée de cinq cents phénix n'est pas plus de
ce monde qu'une armée composée uniquement de généraux. On
spécule sur la crédulité publique quand on lui montre en pers-
pective cette Chambre irréalisable.

VII

L'élection du 14 octobre 1877 n'est sans doute pas un point
de comparaison irréprochable ; elle s'accomplissait au milieu de
circonstances qui en ont altéré la direction, ici vers la droite et
là vers la gauche. A tout prendre, cependant, les effets en sens
contraire que produisit à ce moment la coercition ministérielle,
les obéissances craintives qu'elle obtint et les résistances ou les
appréhensions qu'elle mit en éveil, peuvent être considérés
comme se balançant : il en résulte une donnée moyenne, con-
firmée comme physionomie générale par ses analogies avec le
scrutin antérieur du 20 février 1876.

Or, le tableau qui constata la défaite des hommes du 16 mai
donnait à la République une majorité absolue dans cinquante-six
départements ; dans trente-deux, l'avantage numérique restait
à ses adversaires coalisés.

Voilà donc trente-deux départements dont les populations républicaines n'auraient pas eu un seul représentant à la Chambre, avec un scrutin de liste. Au lieu de cela, il ne resta que cinq départements dans ce cas d'exception politique ; grâce à l'élection par arrondissement, la députation se trouva plus ou moins partagée pour les vingt-cinq autres. Les circonscriptions qui, en dépit de leurs affinités républicaines, auraient eu leur vote annulé par un compte d'ensemble, purent envoyer au Palais-Bourbon des mandataires de leur choix. Il est vrai qu'en revanche des localités monarchiques purent élire, ailleurs, des candidats que le scrutin de liste eût submergés dans la victoire républicaine. Numériquement, il y eut à peu près compensation. Mais croit-on que l'effet produit sur l'esprit public eût été le même, si un tiers de la France avait paru se prononcer en bloc contre la République ? Avec un pareil partage, l'attitude et la position des hommes de la droite changeaient du tout au tout dans la Chambre ; il s'y formait des groupes compacts, personnifiant non plus des nuances politiques, mais des portions du pays mises en antagonisme les unes contre les autres. Les représentations antirépublicaines acquéraient le droit de parler au nom de toute une section territoriale, en même temps qu'au nom de leurs opinions personnelles. Elles pouvaient, à un moment choisi, refuser en corps de prendre part aux délibérations et transformer en scission nationale ce qui n'a été qu'une lutte de partis.

Pendant ce temps, les fonctionnaires du gouvernement demeuraient privés de tout point d'appui dans les départements emportés par une majorité antirépublicaine. Depuis le préfet jusqu'au dernier juge de paix ou au moindre percepteur, ils n'étaient plus que les agents d'un pouvoir exécutif dont le principe avait été répudié, au moins en apparence, par des populations entières. Que l'on demande ce qu'est une pareille situation aux agents secondaires qui la subissent partiellement dans des centres dominés par la réaction.

Et encore, avec l'état actuel des choses, ils ont en leur faveur de n'être pas totalement livrés à eux-mêmes ; ils conservent la ressource d'invoquer le député d'une circonscription voisine, à

défaut du député de la leur; ils ne sont pas enfermés dans le
cercle d'une sorte d'ostracisme régional. Que serait-ce, le jour
où ils n'auraient plus en face et autour d'eux que des adversaires triomphants, acharnés à leur susciter des difficultés, et les
mettant hors leur loi, devenue celle du département tout entier,
parfois même celle de plusieurs départements contigus?

Ce qu'aurait fait le scrutin de liste en 1877, il le fera fatalement toutes les fois que l'on commettra la faute d'y revenir.
Aussi longtemps que nos divisions seront ce qu'elles sont, il
aura pour conséquence inévitable de créer un pays à part au sein
même du pays.

Présentement, on compte à la Chambre :

41 députations entièrement républicaines ;

5 entièrement monarchistes ;

22 députations à majorité républicaine ;

14 à majorité monarchiste ;

6 partagées en deux moitiés égales.

Ce relevé, où les convictions tièdes et les voix douteuses
sont portées à l'actif du parti républicain, donnerait un total de
soixante-trois départements acquis à la République et de dix-
neuf acquis à ses adversaires. A ce dernier chiffre, on peut
ajouter quatre des départements dont la représentation aujour-
d'hui est exactement mixte. En accordant les deux restants à la
majorité républicaine, on arrive à compter soixante-cinq départements d'un côté et vingt-trois de l'autre.

Faisons encore la part du progrès d'opinion accompli depuis
quatre ans ; retranchons du total monarchique cinq départements
que nous ferons passer au total républicain : celui-ci s'élèvera,
en définitive, à soixante-dix départements contre dix-huit, qui
continueront à former une catégorie séparée, embrassant plus
du cinquième de la France. C'est le minimum auquel arrivent
les hommes les plus attentifs au mouvement des idées et les
plus experts en matière de géographie politique.

Eh bien, voit-on un cinquième de la France privé de toute
représentation républicaine ? Il n'aura servi de rien à un député
d'émanciper sa circonscription, de la détacher d'un faisceau hos-
tile, de faire rayonner sa propagande dans les circonscriptions

voisines ; il n'aura servi de rien au préfet et aux sous-préfets de seconder ces efforts, de s'y associer, d'élargir la base de l'action gouvernementale ; il n'aura servi de rien aux électeurs dévoués de travailler à conquérir des prosélytes, à gagner du terrain, à préparer le réveil des populations. Le scrutin de liste viendra annuler en un jour cette œuvre lentement poursuivie, partiellement accomplie. Dix-huit départements seront, le lendemain de l'élection, livrés sans rémission aux adversaires de la République !

Il suffit de connaître tant soit peu les petites villes et les campagnes pour prévoir ce qui se passera alors, comment les vainqueurs useront de leur victoire, et quel sera l'infaillible résultat de leur prédominance exercée désormais sans contrepoids. Non seulement il ne saurait plus être question, pour le gouvernement, d'adhésions nouvelles dans ces contrées, mais il devra renoncer à la plupart de celles qu'on y avait si laborieusement recrutées pour lui. Les populations, sur lesquelles il n'aura de prise désormais que par les actes d'autorité, lui échapperont d'autant plus sûrement et plus vite qu'elles se considéreront comme abandonnées. Atteintes jusque dans leur gagne-pain, dans leurs moyens de travail, dans leurs familles, par les représailles des seigneurs locaux et du clergé ; en butte à mille vexations quotidiennes, pour s'être laissé momentanément convertir à la République ; rejetées sous le joug réactionnaire, contre lequel rien ne les protégera plus et qui s'appesantira d'un double poids sur les « mal pensants » coupables d'avoir voulu le secouer, elles auront bientôt renoncé à un commencement d'émancipation dont l'essai passager leur coûtera si cher.

Quand le parti républicain, appréciant trop tard l'importance de ces éléments, sentira le besoin de les rassembler de nouveau, il ne les retrouvera pas.

Cette considération seule vaut que l'on y regarde à deux fois avant de rétablir le scrutin de liste. Rejeter dans le camp ennemi les contingents épars qu'on en avait détachés, souvent à grand'peine ; perdre les points d'appui obtenus là où il était le plus difficile d'en conquérir et le plus utile d'en conserver ; donner à des adversaires plus d'à moitié désagrégés le moyen de reconstituer des foyers d'action et de reformer des centres de résistance; leur fournir l'occasion de créer une petite France réactionnaire et monarchique, au milieu de la France libérale et républicaine que depuis dix ans nous travaillons à unifier; ne serait-ce pas la plus palpable et presque fatalement la plus irréparable des fautes?

VIII

Le scrutin d'arrondissement a ses imperfections et ses inconséquences, je n'en disconviens pas; je ne prétends le donner ni pour un système impeccable ni pour un idéal immuable; mais parmi les inconvénients qu'on y cherche, parmi les étrangetés ou les disparates qu'il peut produire à certains jours et dans certains cas, rien ne saurait entrer en parallèle avec le sacrifice et la désorganisation des groupes républicains disséminés, que nous vaudrait le scrutin de liste. Celui-ci, d'ailleurs, n'est pas non plus tellement exempt de bizarreries dans l'ensemble de son fonctionnement, que l'on soit fondé à le présenter comme une panacée électorale.

Son premier résultat est de susciter une inégalité flagrante dans la valeur individuelle des votes. Avec le bulletin uninominal, chaque Français donne sa voix à un candidat; il contribue à la nomination d'un député; il exerce la même part d'un droit commun, quelle que soit la section du territoire où il réside. Avec le scrutin de liste, cette équivalence des suffrages disparaît. En déposant dans l'urne leur bulletin respectif, l'habitant des Basses-Alpes et celui du département de la Seine jouent un rôle politique très différent l'un de l'autre. Tandis que le premier coopère à élire trois représentants de la France, le second coopère à en élire trente-quatre. La portion d'influence accordée à chacun d'eux par le principe même de l'élection cesse d'être identique; l'équilibre est rompu au profit du Parisien. La même anomalie se reproduit partout, d'un département au département voisin; l'étendue et la portée du privilège dont se trouve investi le citoyen varient avec le chiffre de la population au milieu de laquelle le hasard des circonstances l'a appelé à vivre. L'inégalité reparaît sous une autre forme, à un plus grave degré, chez les députés élus dans ces conditions. Le mandataire de 12,000 électeurs conservera une infériorité morale, inévitable, — question de valeur personnelle mise à part, — vis-à-vis du collègue qui pourra se targuer d'avoir été envoyé à la Chambre par 280,000 mandants. Ceux qui, actuellement déjà, signalent des différences illogiques contre les résultats électoraux de telle et telle circonscription, auraient de bien autres motifs de critique, le jour où les écarts à constater seraient non plus de quelques milliers de voix, mais se chiffreraient par vingtaines de mille.

La nécessité de mettre un département entier en mouvement pour chaque vacance à remplir est une seconde objection, d'un ordre moins élevé sans doute, mais dont nous avons eu à plus d'une reprise l'occasion d'apprécier l'importance, de 1871 à 1876. Chaque élection alors prenait les proportions d'un évènement. Ne parlons pas de celle de M. Barodet, qui ne fut guère moins qu'une révolution, heureusement demeurée pacifique. Reportons-nous simplement aux scrutins départementaux de cette époque : nous n'en relèverons pas un qui n'ait eu son retentissement dans toute la France, et dont les préliminaires ne se soient plus ou moins traduits en agitation générale. Le contraste est grand avec le calme au milieu duquel s'accomplissent aujourd'hui les élections locales. La circonscription intéressée y apporte une ardeur et une passion égales à celles d'autrefois ; mais elle est seule affectée par la fièvre électorale. Le pays n'y reste pas indifférent ; mais l'attention qu'il y prête ne le détourne plus à chaque instant de sa vie régulière. Les partis, enfin, n'en font plus le prétexte constamment renouvelé d'une bataille en règle. La vie politique de la nation ne perd rien à la manière dont les choses se passent ; mais sa tranquillité y gagne, et l'ouverture des urnes populaires n'équivaut plus à l'ouverture d'une crise.

Veut-on, d'autre part, la preuve que le scrutin de liste a ses excentricités de chiffres, tout aussi bien que le scrutin d'arrondissement ? En 1871, M. Joigneaux obtenait une élection double avec 196,622 voix. En même temps que lui étaient également élus deux fois :

M. le prince de Joinville, avec 140,382 voix ;

M. Léon Say, avec 97,640 voix ;

M. Benoist d'Azy, avec 87,863 voix ;

M. Ernest Picard, avec 40,653 voix.

Si bien que le dernier nom avait à peine un cinquième du nombre de suffrages donnés au premier. Pour les cinq candidats cependant le résultat était identique : chacun d'eux avait le droit de se présenter comme nommé par deux départements.

Le scrutin du 2 juillet 1871, à Paris, n'est pas moins digne qu'on le rappelle. Il y avait à élire vingt-deux députés ; le total des électeurs inscrits s'élevait à 468,993 ; le huitième (proportion alors fixée par la loi pour assurer une élection) était de 58,624. M. Wolowski, qui passa en tête de la liste, eut 147,042 voix. M. Gambetta vint le septième, avec 118,327 voix. M. Victor Hugo arriva seulement à 57,854 votes, un millier de moins environ qu'il n'en fallait pour être élu.

Au mois de janvier suivant, la lutte, engagée de nouveau à propos d'une élection isolée, donnait 121,158 votes à M. Vautrain et 93,243 à M. Victor Hugo, qui, pour la seconde fois, se voyait mis de côté par le suffrage universel doublé du scrutin de liste.

Il me semble que ces souvenirs d'un passé encore si près de nous, mais trop perdu de vue, sont à la fois une curiosité et un enseignement.

IX

Toute loi qui touche aux institutions électorales d'un pays intéresse sa stabilité politique. Elle doit être faite pour soutenir l'épreuve du temps, pour éloigner les crises, pour les abréger et en atténuer les effets lorsqu'elles surviennent inévitablement. Ce sont les temps agités, non les jours de gouvernement facile, que le législateur doit envisager, et il préparera de cruels mécomptes, de graves vicissitudes à l'avenir toutes les fois que son regard ne portera pas au delà d'un résultat transitoire qu'il peut avoir en vue de s'assurer. C'est pour avoir trop fréquemment obéi aux préoccupations d'actualité que, depuis un demi-siècle, nos Chambres tournent dans le cercle vicieux de la législation de circonstance.

Le rétablissement du scrutin de liste répond-il aux conditions de prévoyance qui doivent, aujourd'hui ou jamais, marquer les actes politiques du parti républicain?

Je le crois, au contraire, incompatible avec tout régime durable.

Il bouleverse, une fois encore, les habitudes prises par le suffrage universel et repousse la France vers l'incertain et l'inconnu.

Il rompt la communauté qui s'établissait entre l'élu et l'électeur, en les écartant l'un de l'autre.

Il crée le régime des comités et prépare la domination des tacticiens politiques, le règne des meneurs électoraux.

Il donne le pas à la politique sur les affaires.

Il condamne des portions du pays à rester sans représentants.

Plus propre enfin à créer des situations anormales qu'à les éviter, il jette le corps électoral dans les « grands courants » ; cela ne veut-il pas dire qu'il le livre à tous les entraînements?

Comme toutes les combinaisons calculées dans la causerie sans contradiction du cabinet, il donnera des fruits très différents de ceux que l'on en promet, — et que l'on s'en promet.

Au mois de novembre 1875, alors que ce même sujet était en discussion à l'Assemblée nationale, une voix éloquente laissait tomber, du haut de la tribune, ces paroles de prévoyance, avec la triple autorité d'une conviction indubitable, d'une haute expérience et d'un grand caractère :

« Le scrutin de liste est une arme à deux tranchants. Ne le laissons pas entrer dans notre législation politique, sous peine d'accoler un danger en permanence aux institutions que nous travaillons à fonder. »

L'avertissement n'a pas moins de valeur en 1881 qu'en 1875.

Paris. — Typographie Georges Chamerot, 19, rue des Saints-Pères. — 10846.

PARIS

TYPOGRAPHIE GEORGES CHAMEROT

19, RUE DES SAINTS-PÈRES, 19